A MARÍA

**Arregladas para la Oración Privada
en las Fiestas de María**

●

**Con una Breve Meditación Provechosa
antes de Cada Novena**

Por

Rev. Lorenzo G. Lovasik, S.V.D.
Misionero del Verbo Divino

Ilustraciones en Color

CATHOLIC BOOK PUBLISHING CORP.
Nueva Jersey

NIHIL OBSTAT: Francis J. McAree, S.T.D.
Censor Librorum
IMPRIMATUR: ✠ Patrick J. Sheridan, D.D.
Vicario General, Archidiócesis de Nueva York

(T-658-S)

ISBN 978-0-89942-061-5

PREFACIO

NOVENA quiere decir nueve días de oración pública o privada con especial motivo a intención. Esta práctica tuvo origen en los nueve días que pasaron orando los Apóstoles con María desde la Ascensión hasta el Domingo de Pentecostés. A lo largo de los siglos, la Iglesia ha enriquecido con indulgencias muchas novenas.

Por tanto, hace una novena quien persevera en oración pidiendo alguna gracia durante nueve días o nueve semanas consecutivas. Así ponemos en práctica lo que el Señor nos enseñó diciendo que debemos orar con perseverancia y confianza. Estas son sus palabras: "Pidan y se les dará, busquen y encontrarán, llamen y les abrirán. Porque todo el que pide recibe, y el que busca encuentra, y al que llame se le abrirá" (Lc 11, 9-10).

Son muchos los católicos piadosos que hacen novenas a nuestra Señora, Madre de Dios y Reina de los Cielos. En esta práctica, ellos siguen la recomendación ferviente de la Iglesia emitida por los labios de Papa Pío XI: "Por medio de la plegaria incesante, hacemos María nuestra Mediadora diaria, nuestra verdadera Abogada. Así podemos esperar que ella misma, asumida en la gloria celestial, será nuestra Abogada delante de la Divina Bondad y Misericordia en la hora de nuestra muerte."

Publicamos esta obra para serivir a quienes gustan de hacer novenas y quisieran ternerlas en un solo libro. Todas ellas escogidas entre las más populares. A cada una precede una breve instrucción o meditación.

Ademas de proporcionar oraciones para obtener de Dios algún favor, facilitamos que los fieles se animen y oren con frecuencia, porque, después de los Sacramentos, la oración es la fuente más abundante de gracia de Dios.

Haciendo novenas conforme a los distintos períodos del calendario eclesiástico estamos fomentando la Liturgia de la Iglesia, que ayuda nuestra oración. La disposición del libro permite seleccionar con facilidad las oraciones correspondientes a las diversas épocas y fiestas del Año Eclesiástico.

Procura hablar con Dios durante la novena. Ser sincero con El es de capital importancia. A medida que aumente diariamente en ti la oración y la meditación llegarás a conversar con Dios más a gusto que con cualquier amigo íntimo.

Sírvete de tus propias palabras en esta sencilla e íntima charla con Dios; así conseguirás la manera propia y personal de orar. Verás que el Espíritu Santo ilumina tu mente y te da fuerzas para cumplir la voluntad de Dios.

Padre Lorenzo Lovasik, S.V.D.

CONTENIDO

MARIA, LA MADRE DE DIOS

(1ro de Enero)

MEDITACION

LA maternidad dlvina es el título más noble de la Virgen María. Sin él no habría disfrutado de los demás privilegios; ni siquiera habría existido ella misma; pues fue creada únicamente para ser la Madre de Dios.

El privilegio de la Maternidad divina de María es grande también porque de él dependen los otros: Inmaculada Concepción, virginidad milagrosa, plenitud de gracia, Asunción, y el ser Madre espiritual de toda la humanidad. Todo en ella se explica por ser Madre de Dios; sin esto, nada se podría comprender en ella.

La Iglesia, en su doctrina sobre la unión de la naturaleza divina y humana en Cristo, afirma que Jesucristo es Dios y Hombre, perfecto Dios y perfecto Hombre, y que su Divinidad y humanidad están unidas en una sola Persona de tal manera que las acciones de la naturaleza divina o de la humana son acciones de una sola Persona, la Persona divina.

María es Madre de Dios porque Dios nació de ella. Si no pudiéramos decir que es la Madre de Dios por haber dado cuerpo al Hijo de Dios no podríamos adorar su Cuerpo ni habríamos sido redimidos por la Sangre de aquel Cuerpo en la Cruz, ni estaríamos unidos con la Divinidad al recibir el Cuerpo de Cristo en la Eucaristía.

La Maternidad divina de María es privilegio tan sublime que ninguna criatura, ni siquiera la misma Santa María puede comprender plenaménte. Para entender del todo su dignidad como Madre de Dios, tendríamos que comprender la dignidad del Hijo de Dios de quien ella es Madre.

La dignidad de ser Madre de Dios eleva a María por encima de toda la creación. Como Madre de Dios sobrepasa en grado inmensamente a las demás criaturas, a los ángeles y a los hombres. Estos son siervos de Dios mientras que ella es su Madre.

Tenemos la dignidad inmensa de ser hijos de Dios por adopción; sólo Jesús lo es por naturaleza. Dios podría haber creado un mundo más bello, gente más perfecta, espíritus más maravillosos. Pero nada pudo hacer más maravilloso que la Madre de Dios.

La maternidad divina de María la sitúa en relación admirable con las tres Personas divinas. Es la hija amada del Padre, porque desde el momento en que Dios decretó la Encarnación de su Hijo fue la preferida entre todas las criaturas para ser su hija. La enriqueció con maravillosos privilegios y la amó más que a todas las criaturas juntas.

Como Madre del Hijo de Dios, queda asociada con el Padre en la generación eterna del Hijo. Con el Padre, ella puede decir: "Este es mi Hijo amado en quien tengo mis complacencias."

María es la Madre del Hijo de Dios. Satisface los deberes de madre verdadera y disfruta de sus derechos. De su propia carne y sangre formó el cuerpo de su Hijo. Lo alimentó, vistió y educó. El la obedecía en lo que le mandaba. ¿Cómo podremos entender jamás el gran amor que los unía?

María es la Esposa del Espíritu Santo porque, como enseña el Evangelio y el Credo de los Apóstoles, concibió por obra del Espíritu Santo al Hijo de Dios hecho Hombre. Se la llama también templo del Espíritu Santo porque, en virtud de su Inmaculada Concepción y de su plenitud de gracia, el Espíritu Santo habita en ella de manera especialísima.

Por toda la eternidad será uno de los mayores gozos admirar el amor infinito que Dios muestra a María, de quien El quiso ser Hijo con toda propiedad como lo es del Padre. El ser la Madre de Dios constituye por sí mismo, más que cualquier otro privilegio, una prueba del incomparable amor de Dios a María.

Debemos regocijarnos con ella por la felicidad con que este amor llena su corazón. Pidámosle que nos obtenga de Dios el devolverle su amor con algo de aquella generosidad y fervor con que ella le amaba.

LA PALABRA DE DIOS

"Cuando llegó la plenitud de los tiempos, Dios envió a su Hijo, el cual nació de mujer . . . para que así llegáramos a ser hijos adoptivos de Dios." —Gal 4, 4-5

"¡Canta alegre . . . hija de Jerusalén! . . . pues contigo está Yavé, rey de Israel." —Sof 3, 14-15

"El Verbo se hizo carne, y habitó entre nosotros. Hemos visto su gloria, la que corresponde al Hijo Unico cuando su Padre lo glorifica. En él estaba la plenitud del Amor y de la Fidelidad." —Jn 1, 14

"[María] dio a luz a su primogénito, lo envolvió en pañales y lo acostó en una pesebrera, porque no había lugar para ellos en la sala común." —Lc 2, 7

ORACIONES

Oración propia de la Novena

¡TE saludo, siempre Virgen María, Madre de Dios, trono de gracia, milagro del poder altisimo! ¡Te saludo, santuario de la Santísima Trinidad y Reina del universo, madre de misericordia y refugio de los pecadores!

Amable Madre, atraído por tu belleza, dulzura y tierna compasión, acudo a ti confiadamente yo, pobre infeliz, y te pido me alcances de tu querido Hijo la gracia particular que pido en esta novena *(Mencione el favor que desea).*

Obtenme también, ¡oh Reina de los cielos! el más profundo arrepentimiento de mis numerosos pecados y la gracia de imitar fielmente las virtudes que tú practicaste con tanta perfección, especialmente la humildad, pureza y obediencia. Sobre todo, te suplico seas mi madre y protectora, me recibas en el número de tus fervientes hijos y me guíes desde tu trono de gloria.

No deseches mis peticiones, Madre de misericordia. Compadécete de mí y no me abandones ni en vida ni en muerte.

Hija del eterno Padre, Madre del eterno Hijo, Esposa del Espíritu Santo, Templo de la Trinidad adorable, ruega por mí. Corazón Inmaculado de María, lleno de compasión, refugio de los necesitados y esperanza de los pobres. Con el más profundo respeto, amor y gratitud, me consagro para siempre a tu servicio y te ofrezco mi corazón, cuanto soy y poseo.

Acepta este ofrecimiento, dulce Reina del Cielo, y alcánzame de tu querido Hijo, nuestro Señor Jesucristo, las gracias que te pido en esta novena. Obtenme también un tierno, generoso, constante amor a Dios; perfecta sumisión a su adorable voluntad, verdadero espíritu cristiano y la gracia de la perseverancia final. Amén.

Memorare

ACUÉRDATE, piadosísima Virgen María, que nunca se ha oído decir que uno solo de cuantos han acudido a tu protección implorando tu ayuda o solicitando tu intercesión haya sido desamparado. Inspirado con tal confianza acudo a ti, oh Virgen de las vírgenes, Madre mía. A ti vengo, me presento ante ti, arrepentido de mis pecados. ¡Oh Madre del Verbo Encarnado! no desprecies mis peticiones, antes bien escúchalas y respóndeme. Amén.

Consagración

SANTISIMA Virgen, con todo mi corazón te venero por encima de todos los ángeles y santos del Cielo como la Hija del eterno Padre y te consagro mi alma con todas sus virtudes. *Dios te salve María,* etc.

Santísima Virgen María, con todo mi corazón te venero por encima de todos los ángeles y santos del Cielo como Madre del Hijo unigénito, y te consagro mi cuerpo con todos sus sentidos. *Dios te salve María,* etc.

Santísima Virgen, con todo mi corazón te venero por encima de todos los ángeles y santos del Cielo como la Esposa del Espíritu Santo y te consagro mi corazón con todos sus afectos, pidiéndote me obtengas de la Santísima Trinidad todas las gracias que necesito para mi salvación. *Dios te salve María,* etc.

Letanía

SEÑOR, ten piedad.
Cristo, ten piedad.
Señor, ten piedad.
Cristo, óyenos.
Cristo, escúchanos.
Dios, Padre celestial,*ten piedad de nosotros.*
Dios, Hijo, Redentor del mundo, *ten piedad de nosotros.*
Dios, Espíritu Santo, *ten piedad de nosotros.*
Trinidad Santa, un solo Dios, *ten piedad de nosotros.*

Santa María, *ruega por nosotros.**
Santa Madre de Dios,
Santa Virgen de las vírgenes,
Madre de Cristo,
Madre de la Iglesia,
Madre de la divina gracia,
Madre purísima,
Madre castísima,
Madre inviolada,
Madre virgen,
Madre inmaculada,
Madre amable,

**Ruega por nosotros* se repite después de cada invocación.

Madre admirable,
Madre del buen consejo,
Madre del Creador,
Madre del Salvador,
Virgen prudentísima,
Virgen digna de veneración,
Virgen digna de exaltación,
Virgen poderosa,
Virgen clemente,
Virgen fiel,
Espejo de justicia,
Trono de la sabiduría,
Causa de nuestra alegría,
Vaso espiritual,
Vaso digno de honor,
Vaso insigne de devoción,
Rosa mística,
Torre de David,
Torre de marfil,
Casa de oro,
Arca de la alianza,

Puerta del Cielo,
Estrella de la mañana,
Salud de los enfermos,
Refugio de los pecadores,
Consoladora de los afligidos,
Auxilio de los cristianos,
Reina de los Ángeles,
Reina de los Patriarcas,
Reina de los Profetas,
Reina de los Apóstoles,
Reina de los Mártires,
Reina de los Confesores,
Reina de las Vírgenes,
Reina de todos los Santos,
Reina concebida sin pecado original,
Reina asunta al Cielo,
Reina del Santísimo Rosario,
Reina de las familias
Reina de la paz,

Cordero de Dios, que quitas los pecados del mundo, *perdónanos Señor.*

Cordero de Dios, que quitas los pecados del mundo, *escúchanos, Señor.*

Cordero de Dios que quitas los pecados del mundo, *ten piedad de nosotros.*

V. Ruega por nosotros, Santa Madre de Dios.

R). *Para que seamos dignos de la promesas de Jesucristo.*

OREMOS: Te pedimos, Señor, que nosotros, tus siervos, gocemos siempre de salud de alma y cuerpo; y por la intercesión de Santa María, la Virgen, líbranos de las tristezas de este mundo y concédenos las alegrías del Cielo. Por Jesucristo nuestro Señor. R). *Amén.*

NUESTRA SEÑORA DEL PERPETUO SOCORRO

MEDITACION

ESTA pintura milagrosa de la Madona y el Niño se halla sobre el altar mayor de la iglesia de los Padres Redentoristas en Roma. Antes fue propiedad de un rico comerciante de Creta, luego pasó a Roma y con el tiempo quedó entronizada en la iglesia de San Mateo. Durante trescientos años, multitudes de peregrinos han acudido desde lejos a ver este cuadro, origen de muchas curaciones. En 1812, la iglesia quedó arrasada y durante cincuenta y cuatro años nadie supo donde estaba el cuadro. Cuando lo hallaron, el Papa Pio IX lo entregó a los Padres Redentoristas para su iglesia, en el mismo sitio donde antes habían venerado de modo especial a María bajo la advocación de Nuestra Señora del Perpetuo Socorro.

La pintura milagrosa tiene forma de ícono. A uno y otro lado de la cabeza de la Virgen se ven dos ángeles, conocidos como San Miguel y San Gabriel, que llevan en sus manos, ocultas con un velo, los instrumentos de la Pasión de Cristo, la Cruz, la lanza y la esponja. Fue probablemente un artista griego del siglo XIII o XIV quien pintó el cuadro.

Se invoca a María como Nuestra Señora del Perpetuo Socorro, porque proporciona ayuda a los cristianos, incluso en el orden material. Ahora entronizada en el Cielo, sigue interesándose por nuestros sufrimientos y alivia nuestros males.

María nos proporciona ayuda especialmente en las necesidades espirituales. Es Madre misericordiosísima, que no rechaza a ningún pecador. Se interesa amablemente por nosotros y busca reconciliarnos con su Hijo cuando pecamos. Nos asiste en la tentación. Nos confirma en el bien y nos obtiene la gracia de progresar en la senda de la virtud, pues lo que ella más desea es que todos participemos de los frutos de redención que nos ganó su Hijo. En nuestros esfuerzos por alcanzar la santidad, ella nos auxilia y nos obtiene la gracia de la perseverancia. Nada podemos pedir de su mayor agrado o que ella quiera concedernos más gustosamente que la gracia de hacer el bien.

Sobre todo, María nos asistirá en la hora de la muerte, que es el momento más importante de nuestra vida, ya que de él puede depender la eternidad. Como ensalzada Reina de los cielos, acoge bajo su manto protector las almas de sus fieles, los acompaña al tribunal de su Hijo y allí les sirve de intercesora.

María sigue siendo en el Cielo la Madre de Dios como lo fue en la tierra. Jesús, que es la omnipotencia misma, sigue siendo su Hijo por toda la eternidad. Ahora incluso nos ama con mayor intensidad y compasión, por que en el Cielo conoce mejor nuestros sufrimientos. Alcanza suave descanso para todos los que están cargados con penas y tribulaciones; consuela a los afligidos y cura a los enfermos.

María es nuestra Madre del Perpetuo Socorro y por eso debemos tener en ella confianza ilimitada. Puede ayudarnos porque sus peticiones todo lo obtienen ante Dios y nos ayudará porque es nuestra Madre: nos ama como a hijos suyos.

LA PALABRA DE DIOS

"¿Puede una mujer olvidarse del niño que cría, o dejar de querer al hijo de sus entrañas? Pues bien, aunque se encontrara alguna que lo olvidase, ¡Yo nunca me olvidaría de ti!"   —Is 49, 15

"Se acabó el vino. . . . Entonces la Madre de Jesús . . . dijo a los sirvientes: 'Hagan todo lo que él les mande'."
—Jn 2, 3-5

"Feliz el hombre que me escucha y se presenta a mi puerta cada día. . . . Porque el que me encuentra, encuentra la vida: él ha recibido el favor de Yavé."
—Pro 8, 34-35

ORACIONES

Oración propia de la Novena

MADRE del Perpetuo Socorro, a tus pies está un pecador que acude a ti confiadamente. Madre de misericordia, ten compasión de mí.

Oigo a todos llamarte refugio y esperanza de los pecadores. Seas tú mi refugio y esperanza. Por amor de Jesucristo, tu Hijo, ayúdame.

Tiende tu mano a este pecador que se encomienda a ti y se consagra a tu servicio para siempre. Alabo y doy gracias a Dios que en su misericordia me ha dado esta confianza en ti, prenda segura de mi salvación eterna.

Reconozco que, tiempos atrás, yo, desgraciado y malo, he caído en pecado por no haber acudido a ti. Pero sé que con tu ayuda podré superarme. Temo que ante las ocasiones de pecado pueda menospreciar tu llamada y correr el riesgo de perderme.

Te pido esta gracia, te la suplico del mejor modo y con el mayor interés que puedo: que cuantas veces me ataque el demonio pueda yo siempre recurrir a ti. ¡Oh María! ¡Ayúdame! ¡Oh Madre del Perpetuo Socorro! No permitas que me separe de Dios. *3 Ave Marías*

Madre del Perpetuo Socorro, ayúdame siempre a invocar tu santo nombre, pues tu nombre es ayuda de los que viven y salvación de los moribundos. Purísima, dulcísima María, concédeme que tu nombre de hoy en adelante sea para mí verdadero aliento de vida. Señora muy amada, no tardes en venir a socorrerme cuando te invoco, pues en todas las tentaciones que me aflijen, en todas las necesidades de mi vida, siempre te invocaré repitiendo: "¡María!"

¡Cuánto ánimo, qué suavidad, confianza y consuelo siente mi alma al oir tu nombre, al pensar en ti! Doy gracias al Señor, que en prueba de amor por mí te ha dado un nombre tan suave, tan amable y poderoso. Pero no me basta con mencionar tu nombre; te invocaré porque te amo. Amor que me impulsa a llamarte Madre del Perpetuo Socorro.

3 Ave Marías

Madre del Perpetuo Socorro, eres la dispensadora de todas las gracias que Dios nos concede en los sufrimientos. Por eso, te hizo tan poderosa, tan rica y tan amable que puedas ayudarnos en nuestras necesidades. Eres la abogada de los más desdichados y abandonados pecadores, con solo acudir a ti. Ven y ayúdame, pues a ti me encomiendo.

Pongo en tus manos mi salvación eterna; te encomiendo mi alma. Cuéntame entre tus servidores más fieles. Recíbeme bajo tu amparo. Esto me basta. Con tu protección nada temo: ni siquiera mis pecados, porque tú me obtendrás perdón e indulgencia; ni los malos espíritus, porque tú eres más poderosa que todos los poderes del Infierno; ni aun el Juicio de Jesús, porque una súplica tuya le aplacará.

Temo únicamente que por mi propia negligencia me olvide de encomendarte a ti y pierda mi alma. Mi señora amadísima, obtenme el perdón de mis pecados, amar a Jesús, la perseverancia final y la gracia de acudir a ti en todo momento, Madre del Perpetuo Socorro.

3 Ave Marías
(San Alfonso María de Ligorio)

NUESTRA SEÑORA DE LOURDES Y SANTA BERNARDITA

(11 de Febrero)

MEDITACION

DEL 11 de Febrero al 16 de Julio de 1850 la Virgen Santísima bajó del Cielo dieciocho veces y se apareció en Lourdes a Bernardita Soubirous, muchachita de catorce años. El 11 de Febrero, mientras estaba recogiendo leña, Bernardita oía silvar el viento. Con ojos atónitos vió un nicho en la parte superior de la roca, lleno de luz dorada. En medio estaba de pie una Señora de extraordinaria belleza.

Su vestido resplanedecía con el fulgor de la nieve iluminada por el sol y descendía majestuosamente replegado hasta el suelo. Ajustado a su cabeza y hombros un velo blanco que caía a lo largo del vestido. La cintura ceñida de una faja azul, ancha y sin adorno a los extremos, bajaba casi hasta el frente de los pies. Sobre estos, una rosa de oro finísimo. De su brazo derecho colgaba un rosario de cuentas blancas, con cruz y cadena de oro. Manos abiertas y brazos ligeramente inclinados adelante.

En sus apariciones nuestra Señora pedía oración y penitencia por los pecadores. El día 25 de Marzo, fiesta de la Anunciación, la Santísima Virgen declaró su nombre a Bernardita y al mundo, respondiendo a la pregunta que le hizo Bernardita aquel día: "Señora, sería tan amable y me dice quién es?" Así describe Bernardita lo ocurrido en aquella aparición: "Tres veces pregunté el nombre a la Aparecida. A la tercera, extendió sus manos, que había tenido recogidas hasta aquel momento, las levantó y dijo: '¡Soy la Inmaculada Concepción!'" Luego, terminado ya su gran mensaje al mundo, la Señora sonrió a Bernardita y desapareció, sin más palabras de despedida.

El 8 de Diciembre de 1854,— no habían pasado todavía cuatro años desde las apariciones,—el Papa Pio IX había proclamado que María en el primer instante de su Concepción fue preservada de pecado original por los méritos de su Hijo divino. En Lourdes, la Virgen María había venido a confirmar la proclamación del Vicario de Cristo en la tierra y ella misma se declaraba no sólamente concebida sin mancha. Más aún "la Inmaculada Concepción."

El 30 de Octubre de 1867 Bernardita hacía su profesión religiosa en el convento de la Congregación de Hermanas de Nevers, Francia. En Enero de 1873 Bernardita cayó enferma.

El 16 de Abril, hacia las tres de la tarde, Bernardita oraba: "Santa María, Madre de Dios, ruega por mí, pobre pecadora." Hizo la señal de la Cruz, tomó el vaso de agua que le alcanzaban, por dos veces tragó unas gotas y reclinando suavemente la cabeza entregó el alma a su Creador.

Bernardita moría agotada de sufrimientos físicos el 16 de Abril de 1873, a los 36 años. Ahora se puede ver su cuerpo incorrupto, como quedó al morir en la capilla lateral de la Casa Madre de las Hermanas de la Caridad de Nevers, donde vivió y murió como Hermana María Bernarda. Treinta años después de su muerte al desenterrar su cuerpo lo hallaron incorrupto, prenda indudable de amor por parte de la Inmaculada María. Fue beatificada en 1925 y la canonizó Pio XI el 8 de Diciembre de 1933. Su fiesta se celebra el 18 de Febrero.

LA PALABRA DE DIOS

"Tú visitas la tierra y le das agua y le entregas riquezas abundantes." —Sal 65, 10

"Pues ahora he escogido y santificado esta Casa, para que en ella permanezca mi Nombre para siempre. Allí estarán mis ojos y mi corazón todos los días." —2 Cro 7, 16

"Mi deleite está con los hijos de los hombres." —Pro 8, 31

ORACIONES

Oración propia de la Novena

MARIA, Madre de Dios, yo creo firmemente en la doctrina de la Santa Madre Iglesia sobre la Inmaculada Concepción: Tú fuiste, desde el primer instante de tu concepción, por singular gracia y privilegio de Dios, en atención de los méritos de Jesucristo, el Salvador del mundo, preservada intacta de toda mancha de pecado original.

La única entre los descendientes de Adán enriquecida con la plenitud de la gracia santificante que la hizo objeto de especial amor por parte de Dios. ¡Qué maravillosas fueron las obras del poder de Dios para hacerte morada digna del Redentor del mundo! Sin inclinación al mal, con profundo anhelo de las más altas virtudes, diste a Dios más gloria que todas las demás criaturas. Desde el primer instante de tu concepción, tu mente quedó inundada de luz divina y tu voluntad totalmente conforme a la voluntad de Dios.

Contigo doy gracias a Dios por tan admirables bendiciones. Ayúdame a imitar de algún modo tu perfección. Tu santidad, resultado del privilegio de tu Inmaculada Concepción, y de la gracia santificante, es también consecuencia del don de ti misma a Dios y tu constante cooperación a sus gracias. Fomenta mi generosidad con Dios haciendo fructificar las gracias que El me otorgue y levantándome rápidamente de mis caídas, con renovada confianza en su misericordia.

Inmaculada siempre Virgen, Madre de misericordia, salud de los enfermos, refugio de los pecadores, consuelo de los afligidos, tú conoces mis necesidades, mis tribulaciones y sufrimientos. Dígnate mirarme con ojos de misericordia.

Con tus apariciones te has dignado convertir la Gruta de Lourdes en santuario privilegiado donde multiplicas tus gracias. Muchos pacientes han obtenido la curación de sus enfermedades espirituales y corporales. Acudo por eso con ilimitada confianza implorando tu maternal intercesión.

Alcánzame, ¡oh amadísima Madre! estas mis peticiones. En agradecimiento me esforzaré en imitar tus virtudes a fin de participar algún día de tu gloria.

Por la amable compasión que has mostrado a los millares de peregrinos que acuden a tu santuario de Lourdes, y por el especial amor a tu fiel Bernardita, te pido que, si es voluntad de Dios, me concedas esta gracia *(Mencione el favor que desea).*

¡Nuestra Señora de Lourdes! Ayúdame intercediendo ante tu Hijo a que yo sea verdadero hijo tuyo, como lo fue Bernardita, y hacerme cada día más semejante a ti.

Oración a Santa Bernardita

SANTA Bernardita, pastorcita de Lourdes, favorecida con el privilegio de dieciocho apariciones de la Inmaculada Virgen María y amable conversación con ella, ahora que disfrutas para siempre de la belleza encantadora de la Inmaculada Madre de Dios, no te olvides de mí, tu devoto, viviendo todavía en este valle de lágrimas.

Intercede para que yo también vaya por los sencillos caminos de la fe. Ayúdame a imitar tu ejemplo, como lo pidió la Reina del Cielo, rezando el Rosario diariamente y haciendo penitencia por los pecadores.

Enséñame a imitar tu admirable devoción a Dios y a nuestra Señora, la Inmaculada Concepción, para que, como tú, pueda yo recibir la gracia de fidelidad constante y disfrutar en el Cielo de la felicidad eterna viendo a Dios Padre, Hijo y Espíritu Santo. Amén.

Oración

DIOS de misericordia infinita, celebramos la festividad de María, Nuestra Señora de Lourdes, la Inmaculada Madre de Dios. Que sus plegarias nos ayuden a superar nuestra debilidad humana. Te lo pedimos por Jesucristo, tu Hijo, nuestro Señor, que vive y reina contigo y el Espíritu Santo, Dios, por los siglos de los siglos. Amén.

EL INMACULADO CORAZON DE MARIA

(Sábado siguiente al Segundo Domingo de Pentecostés)

MEDITACION

CUALQUIER manera de venerar a la Santísima Virgen está siempre dirigida a su persona. Por consiguiente, al venerar el Inmaculado Corazón de María, reverenciamos no sólo el corazón físico, real, de nuestra Santísima Madre sino también su persona como fuente y fundamento de todas sus virtudes. Honramos expresamente su Corazón como símbolo de su amor a Dios y a los demás.

Hay textos en la Biblia que son los primeros en sugerir la veneración al Inmaculado Corazón de María. Después que los pastores llegaron al pesebre, leemos: "María . . . observaba cuidadosamente estos acontecimientos y los guardaba en su *corazón*" (Lc 2, 19).

Después que María y José encontraron a Jesús, ya de doce años, en el Templo, "volvió con ellos a Nazaret, donde vivió obedeciéndoles. Su madre guardaba fielmente en su *corazón* todos estos recuerdos" (Lc 2, 51).

Cuando Jesús fue presentado en el Templo, predijo el anciano Simeón: "Y a ti misma una espada te atravesará el alma" (Lc 2, 35). Palabras que se hicieron realidad bajo la Cruz, pues cuando el Corazón de Jesús fue perforado por la lanza, el Corazón de la Santísima Madre fue traspasado por una espada de dolor. El Corazón de Jesús latió por primera vez en el refugio del purísimo Corazón de María, su Madre, y este purísimo Corazón también recibió en espíritu el último palpitar del Corazón de Jesús.

Como ha querido el Sagrado Corazón que esté con El en el Cielo el amante Corazón de su Madre, así desea que se le honre a ella juntamente con El en la tierra.

En una de las primeras apariciones de Fátima, en 1917, dijo nuestra Señora que Lucía, iba a quedarse en la tierra un poco más tiempo para propagar la devoción al Inmaculado Corazón de María. En la tercera aparición de Fátima, el 13 de Julio, del mismo año, la Santísima Virgen dijo a Lucía: "Nuestro Señor quiere que se establezca en el mundo la devoción al Corazón Inmaculado. Si se hace lo que te digo, se salvarán muchas almas y habrá paz; terminará la guerra. . . . Quiero que se consagre el mundo a mi Corazón Inmaculado y que en reparación se comulgue el primer sábado de cada mes. . . . Si se cumplen mis peticiones, Rusia se convertirá y habrá paz. . . . Al final triunfará mi Corazón Inmaculado y la humanidad disfrutará de una era de paz."

El 31 de Octubre de 1942 el Papa Pio XII, al clausurarse la solemne celebración en honor de las Apariciones de Fátima, conforme al mensaje de éstas, consagró el mundo al Inmaculado Corazón de María. Los Papas Pablo VI y Juan Pablo II han repetido la misma consagración.

Poco antes de morir Jacinta, de diez años, dijo a Lucía: "A mí me queda poco tiempo para ir al Cielo, pero tú te vas a quedar aquí abajo para dar a conocer al mundo que nuestro Señor desea que se establezca en el mundo la devoción al Corazón Inmaculado de María.

"Diles a todos que pidan esta gracia por medio de ella y que el Corazón de Jesús desea ser venerado juntamente con el Corazón de su Madre. Insísteles en que pidan la paz por medio del Inmaculado Corazón de María, pues el Señor ha puesto en sus manos la paz del mundo."

Por obediencia a su superior eclesiástico y a su confesor, Lucía reveló parte del secreto que le había confiado nuestra Señora, referente a la devoción al Inmaculado Corazón de María.

El Papa Pio XII en 1945 instituyó la fiesta del Inmaculado Corazón de María, que comenzó a celebrarse el 22 de Agosto. Ahora tiene lugar el Sábado siguiente al Segundo Domingo de Pentecostés.

LA PALABRA DE DIOS

"La hija del rey, vestida de brocados, a real aposento es conducida." —Sal 45, 15

"Es un reflejo de la luz eterna, un espejo limpio de la actividad de Dios, una imagen de su perfecta bondad." —Sab 7, 26

"Su madre guardaba fielmente en su corazón todos estos recuerdos." —Lc 2, 51

ORACIONES

Oración propia de la Novena

CORAZON Inmaculado de María, desbordante de amor a Dios y a la humanidad, y de compasión por los pecadores, me consagro enteramente a ti. Te confío la salvación de mi alma.

Que mi corazón esté siempre unido al tuyo, para que yo odie el pecado, ame a Dios y al prójimo y alcance la vida eterna juntamente con aquellos que amo.

Medianera de todas las gracias, y Madre de misericordia, recuerda el tesoro infinito que tu divino Hijo ha merecido con sus sufrimientos y que nos confió a nosotros sus hijos.

Llenos de confianza en su maternal corazón, que yo venero y amo, acudo a ti en mis apremiantes necesidades. Por los méritos de tu amable Corazón y por amor al Sagrado Corazón de Jesús, obtenme la gracia particular que pido *(Mencione el favor que desea).*

Madre amadísima, si lo que pido no fuere conforme a la voluntad de Dios, intercede para que se me conceda lo que sea de mayor bien para mi alma.

Que yo experimente la bondad maternal de tu Corazón y el poder de tu intercesión ante Jesús ahora en vida y en la hora de la muerte. Amén.

Peticiones

¡VIRGEN Inmaculada, concebida sin pecado! Los movimientos de tu Sagrado Corazón fueron siempre dirigidos a Dios y obedientes a su divina voluntad.

Obtenme la gracia de odiar el pecado con todo mi corazón y aprender de ti a vivir en perfecta conformidad con la voluntad de Dios.

¡María! Admiro la profunda humildad que turbó tu purísimo Corazón al anunciarte el ángel Gabriel que eras la escogida para ser la Madre del Hijo del Altísimo. No te consideraste más que humilde esclava de Dios.

Mi propia altanería me avergüenza. Te suplico me concedas la gracia de un corazón contrito y humillado para que reconozca mi bajeza y alcance la gloria prometida a los verdaderos humildes de corazón.

¡Santísima Virgen! Guardaste en tu Corazón el precioso tesoro de las palabras de Jesús, tu Hijo, y meditando los sublimes misterios que contienen, viviste únicamente para Dios. ¡Me avergüenza la frialdad de mi corazón!

Querida Madre, obtenme la gracia de meditar siempre en la santa Ley de Dios y procurar seguir su ejemplo practicando con fervor todas las virtudes cristianas.

¡Gloriosa Reina de los Mártires! Durante la pasión de tu Hijo, traspasó cruelmente tu Corazón la espada que te había anunciado el santo anciano Simeón. Obtenme un corazón magnánimo y de santa paciencia para sobrellevar los sufrimientos, pruebas y dificultades de esta vida.

Que yo me porte como verdadero hijo tuyo crucificando la carne y todos sus deseos con la mortificación de la Cruz.

¡María, Rosa mística! Tu amable Corazón ardiendo con vivo fuego de amor nos adoptó por hijos suyos al pie de la Cruz y por eso eres nuestra más tierna Madre.

Hazme sentir la dulzura de tu maternal Corazón y el poder de tu intercesión ante Jesús en todos los peligros que encuentre durante la vida, en particular en la hora temida de la muerte.

Que mi corazón esté siempre unido al tuyo y ame a Jesús ahora y por siempre. Amén.

Oración

¡PADRE celestial! Preparaste el Corazón de la Virgen María para ser morada de tu Espíritu Santo. Que por su intercesión nuestra alma llegue a ser templo más propio de tu gloria. Te lo pedimos por Jesucristo, tu Hijo, que vive y reina contigo y el Espíritu Santo, Dios, por los siglos de los siglos. Amén.

LA ASUNCION DE MARIA

(15 de Agosto)

MEDITACION

LA Santísima Virgen María se sometió a la ley de *muerte*, si bien que para ella no fue más que un tranquilo sueño, dulce separación de alma y cuerpo. Su alma alcanzó tal grado de amor que no parecía posible más que descansar en el feliz encuentro con la Santísima Trinidad. Salió de su cuerpo inmaculado y voló a disfrutar de la visión de Dios. Pronto su preciosa alma volvió a unirse con el cuerpo, que reposaba tranquilo en el sepulcro. Al punto María se levantó inmortal y gloriosa, vestida de regio esplendor.

Mientras los ángeles cantaban himnos de alabanza, María, elevada por el propio poder de Dios, *subía a las alturas* hasta el Reino glorioso. ¿Quién podrá expresar el gozo de aquel adorable abrazo con que Jesús recibió a su propia Madre Virgen y la condujo a la eterna unión con El en la gloria?

Los Apóstoles habían abierto la tumba de María. Estaba vacía. Refiere la Tradición que flores hermosas cubrían el lugar donde se había puesto su cuerpo. En torno oían musica del Cielo. Entonces los Apóstoles se convencieron de que alma y cuerpo estaban ya en la Gloria.

Justo era que María subiese al Cielo en alma y en cuerpo. Con la Asunción, Dios honraba aquel cuerpo donde El había habitado con plenitud de gracia. Era la puerta por donde el Hijo de Dios, Verbo Divino, había entrado en el mundo al hacerse Hombre.

Justo era que el cuerpo santo y virginal de María, que había dado carne y sangre al Dios de toda santidad, al vencedor de la muerte, nunca experimentase la corrupción del sepulcro. Muerte y corrupción son consecuencias del pecado original. María, por su Concepción Inmaculada, había sido exenta del pecado original y de sus efectos.

María ofreció los propios sufrimientos y la muerte de su Hijo por la redención del mundo. Convenía, pues, que estuviese unida con El en gloria.

Debemos alegrarnos de que, terminados los años de sufrimientos en este mundo, María pasara finalmente a ocupar el trono que le estaba preparado para reinar con su Hijo. La Iglesia expresa este gozo en la solemne fiesta de la Asunción de la Virgen María el 15 de Agosto, día también de religiosa obligación.

LA PALABRA DE DIOS

"Sabemos que, al destruirse la casa terrenal o, mejor dicho, nuestra tienda de campaña, Dios nos tiene reservado un edificio no levantado por mano de hombre, una casa para siempre en los cielos."
—2 Cor 5, 1

"María escogio la parte mejor, la que no le será quitada."
—Lc 10, 42

"Apareció en el cielo una señal grandiosa: una *Mujer*, vestida del sol, con la luna bajo los pies y en su cabeza una corona de doce estrellas."
—Ap 12, 1

ORACIONES

Oración propia de la Novena

MARIA, Reina asunta al Cielo, me alegro de que, pasados los años de heroico martirio en la tierra, hayas sido finalmente elevada al trono que la Santísima Trinidad te había preparado en los cielos.

Levanta mi corazón contigo a la gloria de tu Asunción donde no alcance la terrible garra del pecado y la impureza. Enséñame lo pequeña que resulta la tierra cuando se mira desde el Cielo. Que yo me de cuenta de que la muerte es el arco de triunfo por el cual he de pasar hasta llegar a tu Hijo y de que algún día mi cuerpo se volverá a unir con el alma para ser feliz eternamente en el Cielo.

Desde la tierra por donde ando como un peregrino levanto mis ojos pidiendo auxilio. En honor de tu Asunción al Cielo te pido esta gracia *(Mencione el favor que desea).*

Cuando me llegue la muerte, llévame sin peligro a la presencia de Jesús para disfrutar de la visión de mi Dios por toda la eternidad junto a ti.

Oración a María Asunta al Cielo

MARIA, Madre querida y Reina poderosa, acepta mi pobre corazón con su libertad y todos sus deseos, su amor, sus virtudes y gracias con que pueda enriquecerse. Todo lo que soy y lo que llegue a ser, lo que tengo y poseo en el orden material y de gracia lo he recibido de Dios por tu amable intercesión, mi Señora y Reina. Todo lo pongo en tus manos soberanas para que vuelva a su noble origen.

María, Reina de todos los corazones, acepta lo que soy y sujétame a ti con lazos de amor, para que sea tuyo por siempre y pueda decir de verdad: "Soy de Jesús por María."

Madre mía Asunta al Cielo, yo te amo. Aumenta mi amor por Jesús y por ti.

María, Asunta al Cielo y Reina del universo, siempre Virgen Madre de Dios, por tu intercesión alcánzanos paz y salvación pues diste nacimiento a Cristo el Señor, el Salvador del mundo. Amén.

Oración

DIOS todopoderoso y eterno, elevaste a la gloria eterna el cuerpo y alma de la Virgen María, Madre de tu Hijo. Haz que nuestra mente esté siempre dirigida al Cielo y merezcamos tener parte en su gloria. Amén.

LA VIRGEN DE LOS DOLORES

(15 de Septiembre)

MEDITACION

LOS siete Dolores de la Santísima Virgen que han suscitado mayor devoción son: la profecía de Simeón, la huída a Egipto, los tres días que Jesús estuvo perdido, el encuentro con Jesús llevando la Cruz, su Muerte en el Calvario, el Descendimiento, la colocación en el sepulcro.

Simeón había anunciado previamente a la Madre la oposición que iba a suscitar su Hijo, el Redentor. Cuando ella, a los cuarenta días de nacido, ofreció a su Hijo a Dios en el Templo, dijo Simeón: "Este niño debe ser causa tanto de caída como de resurrección para la gente de Israel. Será puesto como una señal que muchos rechazarán y a ti misma una espada te atravesará el alma" (Lc 2, 34).

El dolor de María en el Calvario fue más agudo que ningún otro en el mundo, pues no ha habido madre que haya tenido un corazón tan tierno como el de la Madre de Dios. Como no ha habido amor igual al suyo. Ella lo sufrió todo por nosotros para que disfrutemos de la gracia de la Redención. Sufrió voluntariamente para demostrarnos su amor, pues el amor se prueba con el sacrificio.

No por ser la Madre de Dios pudo María sobrellevar sus dolores sino por ver las cosas desde el plan de Dios y no del de sí misma, o mejor dicho, hizo suyo el plan de Dios. Nosotros debemos hacer lo mismo. La Madre Dolorosa nos echará una mano para ayudarnos.

La devoción a los Dolores de María es fuente de gracias sin número porque llega a lo profundo del Corazón de Cristo. Si pensamos con frecuencia en los falsos placeres de este mundo abrazaríamos con paciencia los dolores y sufrimientos de la vida. Nos traspasaría el dolor de los pecados.

La Iglesia nos exhorta a entregarnos sin reservas al amor de María y llevar con paciencia nuestra cruz acompañados de la Madre Dolorosa. Ella quiere de verdad ayudarnos a llevar nuestras cruces diarias, porque fue en el Calvario donde el Hijo moribundo nos confió el cuidado de su Madre. Fue su última voluntad que amemos a su Madre como la amó El.

LA PALABRA DE DIOS

"Este niño debe ser causa tanto de caída como de resurrección para la gente de Israel. Será puesto como

una señal que muchos rechazarán y a ti misma una espada te atravesará el alma. Pero en eso los hombres
mostrarán claramente lo que sienten en sus corazones."
—Lc 2, 34-45

"Su madre le dijo [a Jesús]: Hijo, ¿por qué te has por-
tado así? Tu padre y yo te buscábamos muy preocupa-
dos." —Lc 2, 48

"Todos ustedes que pasan por el camino, miren y ob-
serven si hay dolor semejante al que me atormenta."
—Lam 1, 12

ORACIONES

Oración propia de la Novena

¡SANTISIMA y muy afligida Madre, Virgen de los Dolores y Reina de los Mártires! Estuviste de pie, inmóvil, bajo la Cruz, mientras moría tu Hijo.

Por la espada de dolor que te traspasó entonces, por el incesante sufrimiento de tu vida dolorosa y el gozo con que ahora eres recompensada de tus pruebas y aflicción, mírame con ternura de Madre, ten compasión de mí que vengo a tu presencia para venerar tus dolores. Deposito mi petición con infantil confianza en el santuario de tu Corazón herido.

Te suplico que presentes a Jesucristo, en unión con los méritos infinitos de su Pasión y Muerte, lo que sufriste junto a la Cruz, y por vuestros méritos me sea concedida esta petición *(Mencione el favor que desea).*

¿A quién acudiré yo en mis necesidades y sufrimientos sino a ti, Madre de misericordia? Tan hondo bebiste del cáliz de tu Hijo que puedes compadecerte de los sufrimientos de quienes están todavía en este valle de lágrimas.

Ofrece a nuestro divino Salvador lo que El sufrió en la Cruz para que su recuerdo le mueva a compadecerse de mí, pecador. Refugio de pecadores y esperanza de la humanidad, acepta mi petición y escúchala favorablemente, si es conforme a la voluntad de Dios.

Señor Jesucristo, te ofrezco los méritos de María, Madre tuya y nuestra, que ganó bajo la Cruz. Por su amable intercesión pueda yo obtener los deliciosos frutos de tu Pasión y Muerte.

Ofrecimiento

MARIA, Virgen Santísima y Reina de los Mártires, acepta el sincero homenaje de mi amor infantil. Recibe mi pobre alma dentro de tu corazón, traspasado por tantas espadas. Tómala por compañera de tus dolores al pie de la Cruz, donde Jesús murió para redimir al mundo.

Contigo, Virgen de los Dolores, quiero sufrir gustosamente todas las pruebas, sufrimientos y aflicciones que Dios se complazca en mandarme. Los ofrezco en memoria de tus dolores. Haz que todos mis pensamientos y latidos del corazón sean un acto de compasión y amor por ti.

Madre amadísima ten compasión de mí, reconcíliame con Jesús, tu divino Hijo, mantenme en su gracia y asísteme en mi última agonía, para que pueda yo encontrarte en el Cielo juntamente con el Hijo.

Himno — Stabat Mater

ANTE el hórrido Madero
Del Calvario lastimero,
Junto, al Hijo de tu amor,
¡Pobre Madre entriste-
cida!
Traspasó tu alma abatida
Una espada de dolor.

¡Cuán penoso, cuán
doliente
Ver en tosca Cruz pendi-
ente
Al Amado de tu ser!
Viendo a Cristo en el tor-
mento,
Tú sentías el sufrimento
De su amargo padecer.

¿Quién hay que no
lloraría
Contemplando la agonía
De María ante la Pasión?
¿Habrá un corazón hu-
mano
Que no compartiese her-
mano
Tan profunda transfix-
ión?

Golpeado, escarnecido,
Vió a su Cristo tan
querido
Sufrir tortura tan cruel,
Por el peso del pecado
De su pueblo desalmado
Rindió su espíritu El.

Dulce Madre, amante
fuente,
Haz mi espíritu ferviente
Y haz mi corazón igual
Al tuyo tan fervoroso
Que al buen Jesús pia-
doso
Rinda su amor fraternal.

Oh Madre Santa, en mi
vida
Haz renacer cada herida
De mi amado Salvador,
Contigo sentir su pena,
Sufrir su mortal condena
Y su morir redentor.

A tu llanto unir el mío,
Llorar por mi Rey tan pío
Cada día de mi existir:
Contigo honrar su Cal-
vario,
Hacer mi alma su santu-
ario,
Madre, te quiero pedir.

Virgen bienaventurada,
De todas predestinada,
Partícipe en tu pesar
Quiero ser mi vida en-
tera,
De Jesús la muerte
austera
Quiero en mi pecho lle-
var.

Sus llagas en mí imprimi-
das,

Con Sangre de sus heridas
Satura mi corazón
Y líbrame del suplicio,
Oh Madre, en el día del juicio
No halle yo condenación.

Jesús, que al llegar mi hora,

Sea María mi defensora,
Tu Cruz mi palma triunfal,
Y mientras mi cuerpo acabe
Mi alma tu bondad alabe
En tu reino celestial.
Amén. Aleluya.

Oración

PADRE, Tú quisiste que la madre de tu Hijo, llena de compasión, estuviese junto a la Cruz donde El fue glorificado. Concede a tu Iglesia, que comparte la Pasión de Cristo, participar de su Resurrección. Te lo pedimos por nuestro Señor Jesucristo, tu Hijo, que vive y reina contigo en la unidad del Espíritu Santo, Dios, por los siglos de los siglos. Amén.

Oración después del Rosario

(Por recitar a la fin de páginas 44-47.)

OREMOS: Oh Dios, tu unigénito Hijo por su Vida, Muerte y Resurrección nos obtuvo los premios de la salvación eterna. Concédenos, te suplicamos, que meditando los misterios del Santísimo Rosario de la bienaventurada Virgen María podamos imitar lo que contienen y alcanzar lo que prometen. Por Cristo nuestro Señor. ℟. *Amén.*

NOVENA DEL ROSARIO

(Nuestra Señora del Rosario, 7 de Oct.)

MEDITACION

EL Rosario es una de las prácticas piadosas que más agradan a la Santísima Virgen María. Los Papas lo han venido recomendando durante siglos. Se compone de varios elementos:

a) *Contemplación.* En unión con María se consideran una serie de misterios de salvación, distribuídos en cuatro ciclos. Expresan el gozo de los tiempos mesiánicos, los acontecimientos del Ministerio Público de Cristo, llamada Misterios de Luz o Misterios Luminosos,* los padecimientos de Cristo y la

---

* Sugerido por el Papa Juan Pablo II en su Carta Apostólica del Oct. 16, 2002, titulada *El Rosario de la Virgen María.*

gloria del Señor resucitado con que se anima la Iglesia. Contemplación que por sí misma invita a reflexionar y viene a ser una norma de vida.

b) *La Oración del Señor,* o el Padre Nuestro, con su inmenso valor por ser la oración del cristiano, ennoblece esta oración en sus distintos misterios.

c) *El Ave María,* que se repite como una letanía, está formada con las palabras del ángel a la Virgen (Lc 1, 28) y el saludo de Isabel (Lc 1, 42) seguida de una plegaria de la misma Iglesia. La continua serie de Ave Marías es característica especial del Rosario. Son dos cientos. Se rezan diez en cada misterio.

d) *Gloria al Padre* es la doxología con que se termina cada misterio glorificando a Dios Uno y Trino, de quien por quien y para quien todo ha sido hecho (Rom 11, 36).

El 13 de Octubre de 1917, en su sexta y última aparición, la Santísima Virgen insistió en que se rece el Rosario como medio eficaz para la conversión de Rusia y por la paz del mundo. Cuando Lucía preguntó: "¿Quién eres tú y qué deseas?", Nuestra Señora respondió: "Soy la Señora del Rosario y he venido a llamar la atención de los fieles para que enmienden sus vidas y se arrepientan de sus pecados. No debéis suguir ofendiendo a Nuestro Señor que ya está enojado. Recen el Rosario."

Son incontables los beneficios que por el rezo del Rosario han llovido sobre la humanidad a lo largo de los siglos. Por el Rosario, hoy como en otros tiempos de peligrosa amenaza para la civilización, María ha venido de nuevo a salvar a toda la humanidad de los males que pesaban sobre ella.

Pero el Rosario es particularmente bueno para recobrar la vida familiar en todo su esplendor, elevando la familia a nivel superior en que Dios es

Padre, María Madre y nosotros hijos de Dios. El Rosario en familia es un medio práctico de reforzar la unión en la familia.

LA PALABRA DE DIOS

"¿Quién es ésta que surge como la aurora, bella como la luna, brillante como el sol, terrible como un ejército?"   —Cant 6, 10

"Eres hermosa, amada mía, como Tirsa, encantadora como Jerusalén. Imponente como tropas ordenadas."
—Cant 6, 4

"Escúchenme, hijos piadosos, y crezcan como rosal plantado al borde de un arroyo. Derramen perfume como el incienso, florezcan y den aroma como lirios, entonen un cántico, bendigan al Señor por todas sus obras."   —Sir 39, 13-14

ORACIONES

Oración propia de la Novena

MARIA, Madre amadísima, mírame de rodillas a tus plantas. Dígnate aceptar este Santo Rosario que te ofrezco conforme a tus deseos manifiestos en Fátima, en prueba de mi tierna devoción a ti, por las intenciones del Sagrado Corazón de Jesús, en reparación de las ofensas causadas a tu Inmaculado Corazón, para obtener la gracia particular que pido en esta novena *(Mencione el favor que desea).*

Te suplico presentes mi petición a tu divino Hijo. Si tú lo pides no se me negará. Conozco, Madre amadísima, tu deseo de que acepte la voluntad de Dios a este respecto. Si no me conviene se me conceda lo que pido, intercede para que yo reciba lo que sea de mayor bien para mi alma.

Te ofrezco este "manojo de rosas" espiritual porque te amo. Pongo toda mi confianza en ti, porque tus oraciones ante Dios pueden mucho. Por la mayor gloria de Dios y por amor de Jesús, tu amado Hijo, escucha y concede mi petición. Dulce Corazón de María, sé la salvación mía.

EL SANTO ROSARIO

LA Cruz. En el nombre del Padre, etc. Creo en Dios, Padre todopoderoso, creador del cielo y de la tierra. Creo en Jesucristo, su único Hijo, nuestro Señor, que fue concebido por obra y gracia del Espíritu Santo, nació de Santa María Virgen; padeció bajo el poder de Poncio Pilato, fue crucificado, muerto y sepultado; descendió a los infiernos, al tercer día resucitó de entre los muertos; subió a los cielos y está sentado a la diestra de Dios Padre; desde allí ha de venir a juzgar a los vivos y a los muertos. Creo en el Espíritu Santo; la Santa Iglesia Católica; la Comunión de los Santos, el perdón de los pecados, la resurrección de los muertos y la vida eterna. Amén.

La *primera "cuenta" grande del Rosario:* Padre nuestro, etc.

Las tres "cuentas" siguientes: Por un aumento de fe, esperanza y caridad. Ave María, etc. (3 veces).

Gloria al Padre, etc.

Los Cinco Misterios Gozosos

Se rezan los Lunes y los Sabados [excepto durante la Cuaresma], y los Domingos de Adviento hasta la Cuaresma.

1. La Anunciación
Por el amor a la humildad.

2. La Visitación
Por la caridad para mi prójimo.

4. La Presentación en el Templo
Por la virtud de la obediencia.

3. La Natividad
Por el espíritu de la pobreza.

5. El Niño Hallado en el Templo
Por la virtud de la piedad.

Véase página 39 por la Oración después del Rosario.

Los Cinco Misterios Luminosos

Se rezan los Jueves [excepto durante la Cuaresma].

Reimpreso de nuestro libro Recemos el Santo Rosario, que en 2003 recibió el Imprimatur del Obispo de Paterson, Frank J. Rodimer.

3. Proclamación del Reino de Dios
Por el perdón de nuestros pecados.

1. El Bautismo de Jesús
Para vivir nuestras promesas bautismales.

4. La Transfiguración
Para ser una Nueva Persona en Cristo.

2. La Autorrevelación de Jesús en Caná
Para hacer lo que Jesús diga.

5. Institución de la Eucaristía
Por una actuosa participación en la Misa.

Véase página 39 por la Oración después del Rosario.

Los Cinco Misterios Dolorosos

Se rezan los Martes y los Viernes, y cada diá durante la Cuaresma.

1. La Agonía en el Huerto
Por la contrición sincera.

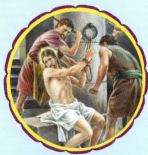

2. Los Azotes en la Columna
Por la virtud de la pureza.

4. La Cruz a Cuestas
Por la virtud de la paciencia.

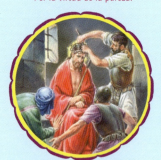

3. La Coronación de Espinas
Por desprecio del mundo.

5. La Crucifixión
Por la perseverancia final.

Véase página 39 por la Oración después del Rosario.

Los Cinco Misterios Gloriosos

Se rezan los Miércoles [excepto durante la Cuaresma], y los Domingos desde Pascua de Resurrección hasta el Adviento.

3.   La Venida del Espíritu Santo
Por amor a Dios.

1.   La Resurrección
Por la virtud de la fe.

4.   La Asunción
Por devoción a María.

2.   La Ascensión
Por la virtud de la esperanza.

5. La Coronación de Nuestra Señora
Por la felicidad eterna.

Véase página 39 por la Oración después del Rosario.

LA INMACULADA CONCEPCION

(8 de Diciembre)

MEDITACION

LA Iglesia enseña que la Santísima Virgen María, desde el primer instante de su Concepción poseyó la gracia santificante en plenitud con las virtudes infusas y dones del Espíritu Santo. No obstante, quedó sometida o otras penas y sufrimientos de la vida que su mismo Hijo quiso padecer.

Este artículo de fe se funda en la Sagrada Escritura y en la constante tradición de la Iglesia. Desde el principio del mundo anunció Dios mismo que María está destinada a "aplastar la cabeza" de la serpiente infernal por medio de su divino Hijo. Por eso, no podía ella empezar siendo herida con la mordedura venenosa y sometida a su poder. El ángel Gabriel la llamó "llena de gracia" porque nunca le faltó la gracia santificante y por consiguiente la poseyó desde el primer instante de su concepción.

Los Padres y escritores de la Iglesia comparan a María con el Arca de Noé, el único en librarse del diluvio universal; con la zarza que Moisés veía ardiendo pero no se consumía; con un jardín cerrado; con la vara de Aarón que, cuando la dejó en el arca, floreció sin que tuviera raíces; con el vellocino de Gedeón que permaneció seco mientras que alrededor todo el suelo estaba cubierto de fuerte rocío. Consideran a María como la Reina que descendió de lo más alto: perfecta, hermosa y sin pecado original; como un paraíso de inocencia que Dios mismo plantó contra todos los ataques de la serpiente venenosa.

También la razón humana justifica la Concepción Inmaculada de María, porque tal privilegio está en proporción con su vocación sublime. Ella era el trono de Dios, el palacio admirable que el Hijo de Dios escogió para habitar durante nueve meses. Fue su vientre el lugar escogido, honrado con la obra misteriosa del Espíritu Santo. Si todo lo que toca a Dios ha de ser puro e inmaculado era necesario que lo fuese María, vaso en que el Hijo de Dios formó su Cuerpo y Sangre. Su Concepción Inmaculada es fulgurante testimonio de la santidad de Jesús, su Hijo.

Si Jesús, el Hijo de Dios, pudo escoger para Madre suya a quien más le agradase, escogería sin duda a una mujer aceptable a la Santísima Trinidad y digna del gran honor a que era destinada. María, pues, estuvo libre del pecado actual y permaneció exenta del pecado original; de lo contrario no habría sido conveniente a Jesucristo, el Hijo de Dios.

Como Eva recibió de Adán la vida natural, María recibió de su Hijo la sobrenatural, la vida gracia santificante. Si Eva fue Inmaculada al principiar su vida, María, que es superior a Eva en méritos, no podía ser inferior en su dignidad. Y pues Eva fue inmaculada en su creación, María tenía que serlo en su concepción.

Dios mismo ha dado testimonio, con milagros, de la Inmaculada Concepción. ¿Quién puede enumerar las maravillas que están hechas en Lourdes, donde María apareció dieciocho veces y declaró a Bernardita y al mundo: "Soy la Inmaculada Concepción", solamente cuatros años después que esta doctrina fue definida como dogma de la fe? María declaró al mundo entero que ella no solo fue concebida inmaculada pero que ella es la Inmaculada Concepción.

Debemos agradecer a nuestro Señor la gracia del Bautismo que nos limpió del pecado original y nos regeneró y santificó espiritualmente. Debemos pedir a la Inmaculada Virgen María que nos guarde de todo pecado, sobre todo de pecado mortal, para que no perdamos la gracia de Dios, infinitamente más valiosa que todas las riquezas del mundo.

La solemne fiesta se celebra el 8 de Diciembre. También se venera la Inmaculada Concepción el 11 de Febrero, fiesta de Nuestra Señora de Lourdes, a la vez que con la Medalla Milagrosa.

LA PALABRA DE DIOS

"¡Tú eres la gloria de Jerusalén, el orgullo supremo de Israel, el honor mayor de nuestra raza! . . . ¡Que el Señor todopoderoso te bendiga a través de las edades!"

—Jdt 15, 9-10

"Salto de alegría delante de Yavé, y mi alma se alegra en mi Dios. Pues él me puso ropas de salvación y me abrigo con el chal de la justicia . . . como la esposa se arregla con sus joyas."   —Is 61, 10

"Apareció en el cielo una señal grandiosa: una Mujer vestida del sol, con la luna bajo los pies y en su cabeza una corona de doce estrellas."   —Ap 12, 1

ORACIONES

Oración propia de la Novena

INMACULADA Virgen María, hallaste gracia a los ojos de Dios desde el primer momenta de tu concepción en el vientre de Santa Ana, tu madre. Fuiste escogida para ser la Madre de Jesucristo, el Hijo de Dios. Creo en la doctrina de la Santa Madre Iglesia, según la cual, en el primer momento de tu concepción, por singular gracia y privilegio de Dios Altísimo, en virtud de los méritos de Cristo, Salvador del género humano, y tu Hijo amado, fuiste preservada de todo mancha de pecado original. Al honrar tu Inmaculada Concepción, doy gracias a Dios por este admirable privilegio y gracia que El te concedió.

Mírame con bondad y concédeme la gracia particular que ahora pido *(Mencione el favor que desea).*

Virgen Inmaculada, Madre de Dios y Madre mía, desde tu trono en el Cielo vuelve a mí tus ojos de misericordia. Con plena confianza en tu bondad y poder, te pido me ayudes en el viaje de esta vida, tan llena de peligros para mi alma. Me pongo plenamente en tus manos, para no ser nunca por el pecado esclavo del demonio. Lleve yo siempre una vida humilde y pura. Me consagro a ti para siempre, pues no deseo más que amar a tu Hijo divino Jesucristo.

¡María! Pues ninguno de tus fieles servidores se ha condenado, haz que yo me salve también. Amén.

Oración de San Efrén

VIRGEN Santísima, inmaculada y pura, tú, sin pecado, eres la Madre de tu Hijo, que es el poderoso Señor del universo. Por ser santa e inviolada, la esperanza de pecadores y desesperanzados, canto tus alabanzas. Te alabo, llena de toda gracia, pues en tu seno llevaste al Dios-Hombre. Te venero; invoco e imploro tu ayuda.

Virgen Santa e Inmaculada, ayúdame en todas las necesidades que me agobian y líbrame de todas las tentaciones del demonio. Seas mi intercesora y abogada en la hora de la muerte y del juicio. Líbrame del fuego que no se consume y de las tinieblas exteriores. Hazme digno de la gloria de tu Hijo, Virgen Madre amantísima y de toda bondad. Tú, en verdad, eres mi única esperanza, pues eres santa a los ojos de Dios, a quien sea dada gloria, majestad y poder por siempre. Amén.

Oración

PADRE, Tú preparaste a la Virgen María para que fuese digna Madre de tu Hijo. La aplicaste de antemano los frutos de salvación que tu Hijo, Jesucristo, iba a merecernos con su Muerte. La preservaste de pecado desde el primer instante de su Concepción. Por su intercesión, concédenos la gracia de vivir sin pecado en tu presencia. Te lo pedimos por el mismo Jesucristo nuestro Señor. Amén.

LA MEDALLA MILAGROSA

(8 de Diciembre.)

MEDITACION

LA Medalla de la Inmaculada Concepción, llamada comúnmente la Medalla Milagrosa, se manifestó a Santa Catalina Labouré, hija espiritual de San Vicente de Paúl. Acontecimiento que tuvo lugar en la Casa Madre de las Hijas de la Caridad: 140, rue de Bac, Paris, Francia.

Dios concedió gracias extraordinarias a Sor Catalina durante su noviciado. Por ejemplo, visiones del corazón de San Vicente y apariciones de Nuestro Señor en el Santísimo Sacramento. En 1830 fue agraciada con las apariciones de la Inmaculada Virgen María, a la que debemos la Medalla Milagrosa.

Santa Catalina describe con estas palabras la aparición de Nuestra Señora el 27 de Noviembre de 1330: "Sus pies apoyados sobre un globo. Ví anillos en sus dedos y cada anillo estaba cuajado de perlas. Las grandes irradiaban mucha luz, las más pequeñas menos. No podía yo comprender lo que estaba viendo, la belleza y el brillo de los rayos fulgurantes. Entonces oí una voz que decia: 'Son símbolos de las gracias que derramo sobre quienes las piden.'

"La Santísima Virgen aparecía rodeada de un marco en el que estaba escrito: '¡Oh María sin pecado concebida, rogad por nosotros que recurrimos a Vos!' Luego añadió la voz: 'Haz grabar una Medalla conforme a este modelo. Se la pondrán al cuello. Quien la lleve recibirá muchas gracias.' En aquel instante parecía cambiar la escena y contemplé el reverso de la Medalla: una gran 'M' sobre la cual había una barra y una cruz; debajo de la 'M' estaban los corazones de Jesús y de María: el uno coronado de espinas y el otro traspasado por una espada."

Cuando Santa Catalina contó la visión a su confesor, este le preguntó si había visto algo escrito por detrás. La mandó que preguntase a la Santísima Virgen qué debía ponerse allí. La Hermana lo pidió Virgen por largo tiempo y un día, durante la meditación, pareció oir una voz que le decía: "La 'M' y los dos corazones ya dicen bastante."

Se hizo la Medalla conforme a las indicaciones de Nuestra Señora. Se puso en libre circulación y en corto tiempo la llevaban millones de personas. Fueron muchas las gracias recibidas por medio de esta medallita de la Inmaculada Concepción, que terminó llamándose Medalla Milagrosa.

LA PALABRA DE DIOS

"Todas mis palabras son acertadas . . . ; el hombre inteligente comprobará que son exactas y al que posee el saber le parecerán sinceras."   —Pro 8, 8-10

"Quiero a los que me quieren y me dejaré encontrar por los que me buscan. Me acompañan la riqueza y los honores, [y] el bienestar verdadero."   —Pro 8, 17-19

"Ahora, pues, hijos, escúchenme, felices los que siguen mis caminos. Escuchen mi enseñanza y háganse sabios."   —Pro 8, 32-33

ORACIONES
Oración para empezar

VEN, Espíritu Santo, llena los corazones de tus fieles y enciende en ellos el fuego de tu amor.

Envía tu Espíritu Santo y serán creados. Y renovarás la faz de la tierra.

Oh Dios, que instruíste los corazones de tus fieles con la luz del Espíritu Santo, concédenos por el mismo Espíritu alcanzar la verdadera sabiduría y regocijarnos siempre con sus consuelos. Por Jesucristo nuestro Señor. Amén.

¡Oh María, concebida sin pecado! Rogad por nosotros que recurrimos a Vos! *(3 veces).*

Señor Jesucristo, te has complacido en glorificar con innumerables milagros a la Santísima Virgen María, inmaculada desde el primer instante de su concepción. Concede a cuantos imploran su protección en la tierra disfrutar eternamente de su presencia en el Cielo, donde, con el Padre y el Espíritu Santo, vives y reinas Dios por siglos de los siglos. Amén.

Señor Jesucristo, para realizar tus obras has escogido lo débil del mundo, de modo que nadie pueda vanagloriarse en tu presencia. Y para difundir más y mejor la fe en la Inmaculada Concepción de tu Madre, has querido que la Medalla Milagrosa se manifestase a Santa Catalina Labouré. Te suplicamos nos concedas que, llenos de semejante humildad, glorifiquemos de palabra y de obra este misterio.

Memorare

ACUERDATE, piadosísima Virgen María, que jamás se oyó decir que uno solo de cuantos han acudido a tu protección, implorado tu ayuda o solicitado tu intercesión, haya sido desamparado. Inspirado con esta confianza, acudo a ti, oh Virgen de la las vírgenes, Madre mía. A ti vengo, aquí me tienes, pecador y arrepentido, oh Madre del Verbo encarnado. No deseches mis peticiones, antes bien, por tu misericordia *escúchalas* y respóndeme. Amén.

Oración propia de la Novena

INMACULADA Virgen, Madre de nuestro Señor y Madre nuestra, penetrados de la más amable confianza y de tu poderosa y segura intercesión, manifestada con tanta frecuencia por la Medalla Milagrosa, nosotros tus hijos, amable y confiadamente te imploramos nos obtengas las gracias y favores que pedimos durante esta novena, si conviene a nuestras almas inmortales y a las almas de quienes ahora encomendamos *(Mencione el favor que desea).*

Tu sabes, María, con cuanta frecuencia nuestras almas han sido santuario de tu Hijo, que odia la iniquidad. Alcánzanos, pues, un profundo odio al pecado y tal pureza de corazón que nos desliguemos de cuanto impida ir a Dios. Que nuestros pensamientos, palabras y acciones se dirijan siempre a su mayor gloria.

Consíguenos también espíritu de oración y abnegación para que recobremos por la penitencia lo que habíamos perdido por el pecado y finalmente lleguemos a aquella dichosa morada donde tú eres la Reina de los ángeles y de los Santos. Amén.

Acto de consagración

¡OH Virgen, Madre de Dios! María Inmaculada, nos ofrecemos y consagramos a ti bajo el título de Nuestra Señora de la Medalla Milagrosa. Que sea ésta para cada uno de nosotros señal segura de que nos amas y constante recuerdo de nuestras obligaciones para contigo. Siempre que la llevemos seamos bendecidos con tu amable protección y preservados en la gracia de tu Hijo.

Virgen potentísima, Madre de nuestro Salvador, mantennos junto a ti en todos los momentos de nuestra vida. Obtennos a nosotros, tus hijos, la gracia de una buena muerte. Para que, en unión contigo, podamos disfrutar de la bendición del Cielo para siempre. Amén.

¡Oh María, sin pecado concebida! Rogad por nosotros que recurrimos a vos! (3 veces).

NUESTRA SEÑORA DE GUADALUPE

(12 de Diciembre)

MEDITACION

CONFORME a la tradición, la Santísima Virgen se apareció al indio azteca, de 55 años, Juan Diego, mientras iba apresurado a la Misa en la Ciudad de Méjico el sábado día 9 de Diciembre de 1531. Le mandó ir a ver al Obispo Juan de Zumárraga y pedirle se construyese una iglesia en el mismo sitio donde se le apareció. La Virgen volvió al mismo lugar aquella tarde y la tarde del Domingo para oir la respuesta del Obispo. Este, después de interrogar minuciosamente a Juan Diego, le mandó pidiese una señal a la Señora que había dicho era la Madre de Dios.

María habló a Juan en estos términos: "Escucha bien, mi querido hijito, y sepas que yo soy Santa

María siempre Virgen, Madre del Dios verdadero, que hizo el cielo y la tierra. Vivamente deseo que se construya aquí una iglesia en prueba de mi amor, mi compasión, mi ayuda y protección. Porque soy Madre de misericordia para ti y para todos los que me aman, confían en mí y me piden ayuda."

Nuestra Señora iba a dar una señal al Obispo. Le dijo a Juan Diego que subiese a coger unas rosas sobre las rocas. El sabía que no era ni tiempo ni lugar para rosas, pero obedeció. Recogió las rosas en el amplio manto que vestían los indios de Méjico y volvió a donde estaba la Virgen. Ella se las puso bien. Cuando Juan llegó a la residencia del Obispo desplegó el manto y cayeron las rosas. Sorprendido de ver al Obispo y a sus acompañantes poniéndose de rodillas, miró al manto y vió en él la figura de la Virgen exactamente como la había descrito. Se veneró la pintura en la capilla del Obispo y poco después llevada en procesión a la primera iglesia construída en su honor.

La imagen-pintura en que se centra esta devoción representa la Inmaculada Concepción con el sol, la luna y las estrellas, conforme al texto del libro del Apocalipsis. María, vestida de manto azul moteado de estrellas, está de pie sobre la media luna que sostiene un ángel. Los rayos del sol se difunden en derredor por detrás de la Santísima Madre.

El 1709 se erigió junto a la ciudad de Méjico un bello santuario donde se conserva el venerable cuadro. Sin interrupción se han sucedido peregrinaciones desde 1531. Recientemente se ha terminado una nueva basílica mucho más grande. Veinte han sido los Papas que se han manifestado a favor de la reliquia y su tradición.

La aparición de Nuestra Señora de Guadalupe es la única de que hay constancia en Norteamérica. El Papa Pio XII dijo: "Estamos ciertos de que mientras tú—Nuestra Señora de Guadalupe—seas reconocida como Reina y Madre, América y Méjico están a salvo." La proclamó Patrona de las Américas. En el Tercer Concilio Plenario de Baltimore, el año 1846, los Estados Unidos habían sido ya consagrados a la Inmaculada Concepción.

El cuadro de Nuestra Señora de Guadalupe representa la imagen de la Inmaculada Concepción. Como Patrona de toda América, Nuestra Señora de Guadalupe es lazo de unión entre sus hijos, de modo que se amen entre sí y amen a Jesucristo, su Hijo. Por la estrecha relación de Méjico con la Iglesia de Estados Unidos se celebra también esta fiesta el 12 de Diciembre en Estados Unidos.

LA PALABRA DE DIOS

"Ahora he escogido y santificado esta Casa para que en ella permanezca mi Nombre por siempre. Allí estarán mis ojos y mi corazón todos los dias."   —2 Cro 7, 16

"Eres hermosa, amada mía, encantadora como Jerusalén, imponente como tropas ordenadas."

—Cant 6, 4

"¿Quién es ésta que surge como la aurora, bella como la luna, brillante como el sol, terrible como un ejército?"   —Cant 6, 10

ORACIONES

Oración propia de la Novena

NUESTRA Señora de Guadalupe, conforme a tu mensaje en Méjico yo te venero como "la Virgen Madre del verdadero Dios, por quien vivimos, el Creador de todo el mundo, el que hizo el cielo y la tierra."

Me arrodillo espiritualmente delante de su sagrada Imagen, que dejaste milagrosamente impresa en el manto del indio Juan Diego y con la fe de los innumerables peregrinos que visitan tu reliquia, te pido esta gracia *(Mencione el favor que desea).*

Recuerda, oh Virgen Inmaculada, las palabras que dijiste a tu fiel devoto: "Soy Madre de misericordia para ti y para cuantos me aman, ponen su confianza en mí e imploran mi ayuda. Escucho sus penas y alegrías, todos sus dolores y sufrimientos." Te pido que seas Madre de misericordia para mí, porque te amo sinceramente, pongo mi confianza en ti e imploro tu ayuda.

Te suplico, Nuestra Señora de Guadalupe, que me concedas lo que pido, si es conforme a la voluntad de Dios, para que yo pueda "ser testigo de tu amor, tu misericordia, tu ayuda y protección." No me olvides en mis necesidades. Nuestra Señora de Guadalupe, ruega por nosotros.

Dios te salve, María *(3 veces).*

Oración del Papa Juan Pablo II

¡OH Virgen Inmaculada, Madre del verdadero Dios y Madre de la Iglesia! Tú, que desde este lugar manifiestas tu clemencia y tu compasión a todos los que solicitan tu amparo: escucha la oración que con filial confianza te dirigimos, y preséntala ante tu Hijo Jesús, único Redentor nuestro.

Madre de misericordia, Maestra del sacrificio escondido y silencioso, a ti, que sales al encuentro de nosotros, los pecadores, te consagramos en este día todo nuestro ser y todo nuestro amor. Te consagramos tambien nuestra vida, nuestros trabajos, nuestras alegrías, nuestras enfermedades y nuestros dolores.

Da la paz, la justicia y la prosperidad a nuestros pueblos, ya que todo lo que tenemos y somos lo ponemos bajo tu cuidado, Señora y Madre nuestra.

Queremos ser totalmente tuyos y recorrer contigo el camino de una plena fidelidad a Jesucristo en su Iglesia: no nos sueltes de tu mano amorosa.

Virgen de Guadalupe, Madre de las Américas, te pedimos por todos los Obispos, para que conduzcan a los fieles por senderos de intensa vida cristiana, de amor y humilde servicio a Dios y a las almas.

Contempla esta inmensa mies, e intercede para que el Señor infunda hambre de santidad en todo el pueblo de Dios, y otorgue abundantes vocaciones de sacerdotes y religiosos, fuertes en la fe y celosos dispensadores de los misterios de Dios.

Concede a nuestros hogares la gracia de amar y de respetar la vida que comienza, con el mismo amor con el que concebiste en tu seno la vida del Hijo de Dios.

Virgen Santa María, Madre del Amor Hermoso, protege a nuestras familias para que estén siempre muy unidas, y bendice la educación de nuestros hijos.

Esperanza nuestra, míranos con compasión, enséñanos a ir continuamente a Jesús y, si caemos, ayúdanos a levantarnos, a volver a él, mediante la confesión de nuestras culpas y pecados en el sacramento de la penitencia que trae sosiego al alma. Te suplicamos que nos concedas un amor muy grande a todos los santos sacramentos, que son como las huellas que tu Hijo nos dejó en la tierra.

Asi, Madre Santísima, con la paz de Dios en la conciencia, con nuestros corazones libres de mal y de odios, podremos llevar a todos la verdadera alegría y la verdadera paz, que vienen de tu Hijo, nuestro Señor Jesucristo, que con Dios Padre y con el Espíritu Santo, vive y reina por los siglos de los siglos. Amén.

Méjico, Enero 1979

Oración

DIOS de poder y de misericordia bendijiste las Américas en el Tepeyac con la presencia de la Virgen María de Guadalupe. Que su intercesión ayude a todos, hombres y mujeres, a aceptarse entre sí como hermanos y hermanas. Por tu justicia, presente en nuestros corazones, reine tu paz en el mundo. Te lo pedimos por nuestro Señor Jesucristo, tu Hijo, que vive y reina contigo y el Espíritu Santo, Dios, por los siglos de los siglos. Amén.